MW01244824

# DE **RODILLAS**

## RUTH ZELARAYAN

# ÍNDICE

# DE RODILLAS

De rodillas caí por el peso del pecado,
de rodillas caí con el corazón apretado,
sin tener una salida, así quede de rodillas,
sin saber que hacer,
llorando sin parar empecé a orar, a suplicar, a alabar,
y sólo así entendí tu perdón, sólo así pude sentir tu amor.

De rodillas lloré de felicidad al sentirme perdonado,
y no sentir el peso del pecado,
de rodillas logré ésa ansiada victoria,
te mire extender tu mano y levantarme,
sentí paz, sentí perdón,
sentí amor, sentí el gozo de mi salvación.

De rodillas clamaré, de rodillas agradeceré,
de rodillas cantaré, y aceptaré tu voluntad,
de rodillas aprendí que así se gana la victoria,
quiero siempre estar de rodillas ante ti.

Eres grande,
eres sublime,
eres merecedor, de toda gloria,
eres el único Dios,
por eso quiero estar de rodillas ante ti Señor.

# POESÍA A DIOS COMO UNA ORACIÓN

Yo escribo poesías,
y hoy quiero escribir mi poesía a Dios,
como una oración,
¿porqué no?

A mi Dios que por medio de Él, tenemos amor,
de Él proviene lo puro, lo bueno, la páz, el gozo.
Quiero decirte mi Dios,
que amo todo lo bueno que me has dado,
momentos difíciles que me ha hecho acercarme
más a ti en oración,
momentos gozosos, cuando todo va bien.

Quiero decirte mi Dios, que te amo,
gracias por amar al humano,
aunque no lo entendamos.
Por mi parte yo te alabo,
te amo, mi Rey,
no sólo por lo que me has dado,
te amo por ser Dios misericordioso, por ser Santo.
Gracias por limpiar mi corazón, mi mente,
eso sólo lo hace Dios,
sólo por medio de Él podemos dar amor,
porque Él es amor.
Gracias por cuidarme, gracias por amarme,
gracias por darte,
gracias por darme las palabras,
gracias por permitirme escribirte ésta poesía.
Te amo mi Dios,
te alabo en cada oración,
porque Tú te mereces la Honra y la Gloria, Amén.

Yo escribo poesías,
y hoy quiero escribir
mi poesía a Dios,
como una oración,
**¿porqué no?**

# TÚ MI DIOS ERES MI INSPIRACIÓN

Santo eres,
abro mis ojos,
respiro y puedo sentir tu misericordia,
tu amor lo siento a través del sol,
de la lluvia.

Mi inspiración eres Tú,
por eso escribo poemas,
que para mí son como una oración,
como una conversación con mi Dios,
porque eres bueno.

Al levantarme yo siento tu amor,
y caminar por éste mundo con tu compañía,
me hace ver la realidad, que tú mi gran Dios,
eres de verdad.

Sí estoy enfermo allí estás,
sí estoy gozosa eres una realidad,
alabado seas,
nací para glorificarte.

Gracias por tanto amor mi Dios,
cierro mis ojos y aún te veo,
hasta en mis sueños estás conmigo,
y al despertar camino otra vez contigo.
Gracias por ser mi Dios, eres mi inspiración,
te amo Señor.

# ORACIÓN
# POR LA FAMILIA

Te doy gracias Jesús por mi salvación,
por rescatarme de aquel camino,
que me llevaba a la perdición,
por eso te pido oh mi Salvador,
que rescates a mi familia, y que encuentren salvación,
que encuentren a ese Dios de amor.
Yo oro por ellos, y gimo en el espíritu por su salvación,
pues no quiero que se pierdan, los amo como Tú Señor.

Yo sé que están ciegos, pues no pueden ver tu amor,
creen que no hay cielo, ni tampoco salvación,
yo te pido por ellos, oh Dios de amor,
que la venda sea quitada, sus oídos destapados,
te vean, y te escuchen, que te adoren,
y que se arrepientan,
no permitas que se vayan de éste mundo,
sin aceptarte Señor.

Éste es mi ruego por mi familia Señor,
de rodillas de rodillas, te lo pido Señor,
te los pongo en tus manos,
y yo sé por fe que los tomarás de tu mano
y le darás salvación,
pues ésta es tu manera de demostrarnos tu amor,
por eso te doy gracias, por eso te amo Señor.
Entrego en tus manos ésta oración,
confiando, y esperando en tu tiempo mi Dios, Amén.

# RESTAURA MI MATRIMONIO MI DIOS

Dios que todo lo sabes,
Dios que todo lo ves,
yo estoy aquí a tus pies sin fuerzas yá,
sin saber que más hacer, vengo a pedirte ayuda.

Tú que todo lo puedes,
Tú que todo lo restauras,
ten misericordia de nosotros,
quiero hacer tu voluntad,
quiero obedecerte, quiero ser un buen ejemplo,
quiero que las personas, que no creen en ti,
vean a Cristo en mi vida, por eso te pido,
que restaures mi matrimonio,
que pongas en nosotros tu amor, comprensión, obediencia,
para que nuestro hogar refleje el amor de Dios.

Te hemos fallado y nos hemos alejado de ti Señor,
no te hemos puesto en primer lugar en nuestra relación.
Trabaja en mí, como alfarero,
y óro por mi esposo que también es tu siervo,
transfórmanos, renuévanos, lo necesitamos.
Mi hogar se está rompiendo, todos lo están viendo,
y eso no te agrada Señor.
Restáuranos te lo pido en oración,
perdóname, te he ofendido,
y perdono si me he sentido ofendida,
saca toda raíz de amargura que traemos del pasado,
con ésta oración, me pongo en tus manos.

Todavía hay tiempo, todavía hay vida,
todo lo haces nuevo, todo lo haces bien,
Tú eres el Dios de esperanza, el Dios de amor.

De rodillas, de rodillas te pido perdón,
por haberme apartado, y éste es el resultado,
pero sé que haces milagros,
te pongo mi hogar en tus manos.
Restáuralo y avívalo Señor, para tu obra,
para alabanza, para tu gloria.
Gracias Señor, gracias,
Tú eres el alfarero yo el barro soy, Aleluya.

# REY DE REYES
# A TUS PIES

Mi Rey,
mi Señor,
te siento,
te veo,
a mi nadie me lo tiene que contar,
nadie me lo tiene que confirmar,
fuera la ciencia, fuera la evolución,
aunque las dos tienen su explicación según la educación,
no se comparan, a la grandeza de mi Dios,
Tú existes, Tú exististes, y Tú existirás,
por toda la eternidad.

Eres Rey de reyes,
Señor de señores, eres real,
a mí nadie me lo tiene que confirmar,
donde mire, donde respire, allí tú estás.
El amor que siento hoy, me lo pusiste Tú Señor,
porque Tú eres puro amor Señor.
¿Dime, alguién me lo puede confirmar?

Hay que estar ciego,
hay que estar sordo,
para no percibir, para no escuchar tu voz,
que eres real Señor.

Yo me siento gozosa, yo me siento feliz,
yo me siento agradecida de tu presencia,
es tan grande todo ésto,
es tan grande tu amor, tu misericordia,
que quiero gritar para que se destapen los oídos
de los que no quieren escuchar,

decirle a puro grito que tú existes, que eres real,
y decirles que donde miren tu amor por ellos está.

Esta agonía que yo siento me hace orar,
para que sus ojos, y sus oídos sean abiertos,
y glorifiquen al Dios real,
Rey de reyes,
Señor de señores,
y caigan a tus pies,
por fe por fe se salvarán, Amén.

# MI VOLUNTAD

Mi voluntad, ante todo, ante todos,
y entre sollozos te digo mi Dios,
¿sea hecha tu voluntad?

Oro, suplico, me arrodillo,
pero me desespero, y hasta digo:
esa señal es de Dios,
lo confirmo, lo aseguro,
no espero, no acepto,
qué me dices no.

Hago mi voluntad,
después me enojo, cuando todo sale mal,
no te puedo engañar mi Dios,
he hecho mi voluntad.

Te pido perdón Señor,
acepto que te fallé, me desesperé, fracasé,
y aquí estoy rendida a tus pies,
pongo todo en tus manos.
Moldéame Señor,
porque tú eres perfecto,
eres Santo,
y estoy segura en tus manos.
acepto tu voluntad,
heme aquí.

# SÚPLICA

Necesito que me cures Señor, de tanto dolor,
Tú eres puro amor, necesito que cures mi frustración,
quien me lo causó, o quizás me lo causé yó.

Tú eres sanador, oh Salvador,
yo confío en ti Señor,
perdón,
pón tu mano y transfórmame Señor,
encamíname en tu senda, para no ir tras el pecado mi Dios,
quiero sentirme libre, necesito sentirte oh Señor.

Yo sé que tú eres puro amor,
yo sé que tú eres sanador,
gracias mi Dios por tu amor,
gracias por mi transformación,
yo a tu lado podré con el dolor,
o me puedes curar si lo quieres Señor,
oh mi Dios,
oh mi Salvador,
oh mi Sanador.

Cuanto te amo mi Dios,
por ser puro amor,
a pesar de apartarme de ti,
Tú eres perdonador,
mantenme en tu senda,
o llévame Señor,
no te quiero fallar,
quiero serte fiel como tú eres mi Rey.
alabado seas, Amén.

# TE LO ENTREGO TODO

Señor, con el corazón apretado,
y mi mente sin parar de pensar,
de rodillas me encuentro ante tu altar.

Señor, hoy me he dado cuenta de que,
a pesar que pongo mis problemas en oración,
sigo atribulada, desconfiada y eso no puede ser.

Si yo confío en ti,
si yo me arrodillo ante ti,
mi corazón y mi mente no pueden continuar así,
ya basta de desconfiar, de llorar,
te lo entrego todo a ti,
mis problemas, mis miedos,
mis tristezas, mis frustraciones,
te entrego mi pesada carga, ya no puedo más.

Tú que puedes resolverlo todo,
te entrego mis alegrías, mis emociones,
mi risa, mi llanto, mi soledad.
Hazme sentir que estoy segura, hazme sentir confiada,
hazme sentir gozo, en medio de la tribulación,
quiero levantarme aliviada,
pero que se haga tu voluntad,
todo lo haces bien.

En tus manos estoy segura, sin ninguna duda,
te alabo, te glorifico, y te doy las gracias.

Ya me siento aliviada, ya la carga no está más,
lo proclamo por fe,
Aleluya,
Amén.

Mis problemas,
mis miedos,
mis tristezas,
mis frustaciones,
te entrego
mi pesada carga,
**ya no puedo más.**

# UNA ORACIÓN PARA MI PASTOR

Señor, mi Dios, te agradezco que escogiste
a ese varón de Dios,
para ponerlo como pastor,
a través de los años tu siervo ha demostrado,
que tiene el amor de Dios.

Cuida el rebaño que le has encomendado,
tiene carácter, tiene temor de Dios,
tiene el amor de Dios fluyendo en su interior.

Por él, y su familia elevo esta oración,
para que sean bendecidos, hasta que los llames Señor.
Parece tan estricto mi pastor,
pero es un amor,
amor de hermano,
amor fraternal,
llora conmigo cuando estoy triste,
me aconseja, me hace ser mejor,
con su ejemplo, ha traído a muchos, a los pies de Dios.

Una oración elevo por él Señor,
también te pido por su compañera de toda la vida,
que la bendigas,
ella con su sonrisa nos cambia la vida,
ella nos ha demostrado,
que teniendo a Dios en nuestras vidas,
todo se supera, todo se puede.
Ayúdalos a los dos que sigan demostrando el amor de Dios
que sigan salvando almas para tu reino Señor.
Gracias mi Dios por haberlo puesto como pastor.
Éste poema que es como una oración,
necesitaba expresarlo,

como ellos me expresaron su amor.
Bendícelos siempre Señor es mi oración,
los amo en el Señor a los dos.

Para mi Pastor Jorge Amaro y su sabia esposa Alicia Amaro
y para todos los buenos pastores escogidos por Dios.

# TE HE PERDONADO

Libre, libre, libre,
suave, suave, suave,
así me siento Señor,
porque he perdonado,
a esa persona que me ha hecho tanto daño,
porque cada herida, cada agravio, ya no me hacen daño,
cuantos años consumida en el dolor,
y tú Señor siempre a mi lado.

Vuelvo a ser, lo que era antes, sin dolor,
vuelvo a nacer, gracias a ti Señor,
que me has hecho entender,
que en el perdón hay sanación del alma y cuerpo,
no más cadenas, no más agravio.

Libre, libre, libre,
me siento liberada, en ti Señor hay libertad,
te alabo Señor.

Suave, suave, suave,
como el algodón, me siento yo,
soy una nueva criatura, soy tu hija Señor,
me has abierto los ojos, y he obedecido Señor.

Hoy entiendo que el perdonar es curar,
vuelvo a gozar de mi vida, de mis años,
gracias por haberme ayudado, por haberme perdonado,
por haberme salvado, y por estar siempre a mi lado,
nunca me has dejado.
Gracias, gracias, gracias,
seas siempre alabado, Amén.

# CONVERSAR CONTIGO

Mi Señor con mucha humildad, y con gozo,
mi mente piensa en ti,
no sé si es normal pero Tú estás allí,
en mi mente y mi corazón.

Te alabo y me pongo a pensar en tu amor,
en silencio, donde me encuentre,
mientras muchos hablan,
yo converso contigo, y te doy las gracias,
por amarme tanto.

Mientras otros me rechazan, Tú me abrazas,
mientras otros me abandonan, Tú me tomas,
mientras otros me discriminan, Tú me aceptas,
mientras otros me hacen daño, Tú me curas.
Aún los míos me fallan, me traicionan, y Tú eres fiel,
mientras nadie me da un lugar,
Tú me tienes preparado el mío.

¿Cómo no tenerte en mi mente?
¿Cómo no conversar contigo?
¿Cómo no alabarte?
¿Cómo no agradecerte?

Yo te fallo, y Tú me perdonas,
es hermoso pensar en ti,
no sé si es normal,
Tu amor es asombroso,
es único,
es misericordioso.

Eres el Rey perfecto,
Justo, Salvador,
estoy unida a ti,

dependo de ti,
estoy confiada en ti.

Gracias por elegirme a mí,
mientras otros hablan yo pienso en ti,
yo estoy a tus pies,
humildemente aquí estoy mi Rey,
en corazón y mente.

Que bien me hace conversar contigo,
alabado seas, gracias por ser mi Rey,
ya te quiero conocer.

# SI HOY MURIERA

Si hoy me llamas mi Dios,
si fuera mi último día en la tierra Señor,
si me darías un último deseo, seria:
que la muerte me sorprendiera alabando,
cantando, glorificando tu nombre,
así encontrarme contigo,
de este cielo terrenal, a tu cielo angelical.

Si hoy muriera Señor,
me gustaría haberle dado la mano al hermano,
haber ayudado al necesitado,
si hoy muriera quisiera haber hecho cosas de tu agrado,
si hoy muriera quisiera estar alabando,
exaltando, y agradeciendo,
por todo lo que me has dado,
sea bueno, sea malo,
y lo último yo me lo he buscado,
lo bueno Tú me lo has dado, por eso yo te alabo.

Si hoy muriera,
si hoy muriera,
quisiera haber dado,
un beso,
un te quiero,
a ese hijo,
a ese hermano,
a ese amigo,
a esa madre,
que en la tierra me has prestado,
poderles decir:
Dios te ama búscalo, y te iras como yo,
alabando, glorificando,
confiando que Él te espera,
y que murió por amor a ti,

te dará la mano,
como te la ha dado a través de los años,
te vas feliz, y allí entenderás,
su amor por ti.

Si hoy muriera,
si hoy muriera,
si hoy me llevas:
alabado seas,
Amén.

Si hoy muriera,
si hoy muriera,
quisiera haber dado,

**un beso,
un te quiero,
a ese hijo,
a ese hermano,
a ese amigo,
a esa madre**

que en la tierra
me has prestado.

# TU FIDELIDAD

Con reverencia mi Dios,
con humildad Señor,
quiero agradecerte mi Rey,
por estos años vividos, por el sufrimiento, por las alegrías,
y por todo lo que me diste en el transcurso de mi vida.

Aún en el dolor,
allí estabas Tú,
aunque no te veía, no te sentía,
Tú siempre a mi lado,
cuando sentía que perdía el rumbo de mi vida,
allí estabas Tú, dibujándome el camino.

Cuando caía y el golpe era duro,
allí estabas Tú, curando mis heridas,
y aquí estoy recordando mi vida,
dándome cuenta que en cada paso,
allí estabas Tú.

Gracias mi Dios,
gracias por perdonar mi error,
y aquí estoy reconociendo que sin ti nada soy,
porque ciego fui y por tu amor veo la luz,
esa luz que me guió a través de los años,
esa luz que me sigue guiando hacia Ti,
hasta que sea tu voluntad,
que hermoso es ser, la hija de un Rey.

# Ciego fui y por tu amor veo

## LA LUZ

esa luz que me guió
a través de los años,
esa luz que me sigue
guiando hacia Ti.

# MI ORACIÓN LLEGÓ A TI

Grande eres,
Santo Dios,
te alabo, estoy gozosa,
porque mi oración llegó a ti.
Hoy dedico éste ayuno en agradecimiento,
en alabanza al único que puede hacer todo perfecto,
todo lo haces bien, mi amado Dios,
necesitaba darte la gloria escribiendo,
orando, ayunando.

Fueron días,
fueron noches,
fueron años,
orando, pidiendo, suplicando,
y Tú mi gran Dios, ya habías escuchado,
con paciencia esperé,
y mi oración llegó a ti,
y aquí estoy como testimonio vivo, diciendo:

Sí Dios escucha,
sí Dios contesta,
sigue orando, acércate más a Él,
alábale, alábale, y da gracias a Dios en todo.

Gracias, gracias por existir, por estar aquí,
estoy gozosa mi gran Señor,
si te buscamos, allí estás,
si te pedimos, Tú nos das,
si nos acercamos a ti, las bendiciones nos alcanzan,
si adoramos podemos verte, sentirte,
las oraciones si las escuchas, yo soy testigo de ello,
ahora escucha mi mente, y mi corazón,

como escuchaste mi oración,
ellos están llenos de alabanza, y adoración,
al único Dios que eres Tú Señor.
Gracias por ser mi salvador, por darme amor,
por escuchar mi voz, mirar mis lágrimas, y mi aflicción,
te amo, te amo, mi Señor.

**Sí Dios escucha,
sí Dios contesta,**
sigue orando,
acércate más a ÉL,
**alábale, alábale,**
y da gracias a Dios
en todo.

# UN MILAGRO TE PIDO

Con lágrimas en mis ojos,
un milagro mi Dios te pido,
a ¿dónde iré?
a ¿quién suplicaré?

Señor sólo tú que conoces el dolor,
Señor sólo tú que tienes el poder del agua
convertirlo en vino,
tienes el poder de curar al enfermo.

Un milagro Señor te pido,
vengo de rodillas a pedirte en oración,
porque confío en ti,
porque dentro de mí sé que eres el único
que tienes el poder de curar,
donde el humano no puede, Tú puedes.

He venido ante Ti con humildad,
con dolor, con fe, y con resignación,
y sea hecha tu voluntad, escucha mi oración.
Señor espero en ti mi sanador,
siempre de rodillas.

# He venido ante Ti

con humildad,
con dolor, con fe,
y con resignación.

# PERDONAR LO MANDA DIOS

Mi querido Dios:
hoy te escribo con letra, y con mi corazón,
para todo aquel que lea, lo entienda,
como lo he entendido yo,
el perdón, para mí era una palabra, llena de dolor,
hoy entiendo que, aunque es una palabra,
también es acción, que cura el corazón,
y saca de raíz, toda amargura,
por lo que Tú mi Dios, pones énfasis al perdón.
Yo pensé que perdonaba, hasta que una vez
me enfrenté a la acción,
perdonar, es ver a la persona de la misma manera
que lo veías antes del daño que te causó.

¿Me entiendes querido lector?
Hoy he perdonado y he pedido perdón, de corazón,
y puedo decirte, mi Dios,
que veo a esa persona, sin dolor,
pensé que nunca lo lograría,
pero me puse en tus manos, y ya no hay rencor.
Hoy veo a ese hermano, con compasión,
y lo ayudo en lo que pueda, porque así es el amor,
puede ser un hermano, amigo, o un padre,
que te causó dolor.

Te lo digo a ti querido lector,
perdonar, es lo mejor,
y te sientes tan aliviado, así no lo hayas causado,
perdonar, te lo manda Dios,
perdona, perdona,
es la única manera,
que reflejas el amor de Dios, Amén.

# NUNCA ME HAS FALLADO

Con lágrimas en mis ojos y
con el corazón oprimido,
vengo ante ti Señor,
muy arrepentido de haberme alejado,
he ir tras el pecado,
por decepción, por dolor, y porque,
mis hermanos me han fallado,
pastores me han decepcionado,
encuentro tanta hipocresía,
en tu templo de adoración.

Por eso vengo ante ti para pedirte perdón,
te he echado la culpa de todo mi dolor,
pensé que me habías fallado, traicionado,
pero no fuiste Tú Señor,
fué tu creación, fueron mis hermanos,
que se hacen llamar hijos de Dios,
que se dejan llevar, por el enemigo,
ese si es un traidor, engañoso, mentiroso
que se viste de hermano, que se viste de pastor,
confundiendo al cristiano, para alejarlo de Dios.

Hoy vengo arrepentido,
a buscar otra vez tu amor, y tu perdón,
Tú nunca me has fallado,
nunca me has traicionado,
Tú eres fiel.

Nunca más me dejaré engañar del enemigo,
que sólo trae confusión,
aceptaré al hermano, aunque sea traidor,
porque sé que, con oración, lo rescatarás de su error.

En tu templo de adoración hay muchos enfermos
que necesitan sanidad,
enfermos del alma, del espíritu,
y con oración, y ruegos pedirán perdón a Dios,
por haber hecho alejar al hermano y por crear confusión,
llorarán arrepentidos,
y aquel Dios fiel de antemano les dará su perdón.

Te amo tanto Señor,
enséñame a ser como Tú, y ver al hermano con amor,
yo puedo Señor, porque Tú estás en mí,
gracias mi Dios, por enseñarme a perdonar.
Te alabo Señor, mi único Dios.

## Tú nunca me has fallado, nunca me has traicionado

## Tú eres fiel.

# A VECES

A veces creo que no me ves,
aunque el ciego sea yo,

A veces creo que no me escuchas,
aunque el sordo sea yo.

Lloro, me desespero, me deprimo, y no espero,
no hay respuesta, o no quiero esa respuesta,
no acepto un nó, aunque sea lo mejor,
cuando la tormenta pasó,
me doy cuenta, y avergonzado te pido perdón mi Dios.

Tú si ves,
Tú si escuchas,
Tú si respondes,
aunque sea con un nó, pero con amor.

Mi desesperación, no da lugar a la oración,
aunque oro, dudo y es allí, mi confusión.

Ayúdame a entender,
que tú tiempo, no es mi tiempo,
y que en tus manos estamos mi gran Dios,
y que tú voluntad aceptamos,
porque somos hijos de Dios,
te alabamos Señor.

# ¿QUIÉN SOY?

¿Señor a veces me pregunto,
quién soy en realidad ante tu presencia?
¿Soy aquel ser humano que da la mano?
¿Soy el inhumano que saca la mano?
Cuando vemos necesitado, al hermano,
a la viuda, al huérfano,

¿Quién en realidad soy cuando hay conflicto
entre hermanos?
¿Soy como la historia de Caín y Abel?
¿Soy guerra, o soy paz?
¿Soy Cristiano en realidad?
¿Soy aquel buen padre, aquel buen amigo,
aquel buen hermano?
¿Aquel buen esposo, aquella buena esposa,
aquella buena hija que todos anhelamos tener?
¿Seguimos en realidad las enseñanzas de Cristo?
¿Seré esa persona que todos extrañarán,
cuando me vaya de éste mundo?

Perdóname Señor, me arrepiento de haber sido tropiezo,
no me justifico Señor, tu conoces mis debilidades,
sólo te pido que me limpies,
y me ayudes a ser mejor, quiero poder decir:
Yo sé quién soy,
soy aquel Cristiano que da la mano,
aquel ser humano, dispuesto a actuar como tal,
aquel hijo de Dios que sigue las enseñanzas
de su Padre Celestial,

Quiero que vean en mi el reflejo de Ti, de tu amor,
no decirlo, hacerlo, con amor,
porque tu amor está en mí, ayúdame Señor,
es mi oración, y te doy gracias mi Dios por esta reflexión.

# CONFESIÓN

¿A quién iré si no es a ti?
¿Quién es el que siempre me ha entendido?
Sólo Tú Señor.

Hoy, hablando contigo, como una confesión,
quiero decirte que me he enojado,
y he guardado rencor,
primero te pido perdón.

Han pasado muchos, muchos años
que no hablo con el hermano,
me duele mucho, no siento paz,
el Espiritu Santo, me dice que estoy mal,
ayúdame a distinguir cuando Él me habla,
ayúdame a distinguir cuando el enemigo,
dueño de toda mentira, astuto, nos recuerda la ofensa,
para no pedir perdón.

Señor como una confesión,
yo también ofendí, yo también me enojé,
necesito sabiduría, humildad,
para escuchar la voz del Señor,
y no la del enemigo mentiroso,
sólo es cuestión de pedir perdón de corazón,
yo quiero estar bien contigo, y sentir paz.

Te confieso Señor, que me has hablado en sueños,
y por medio de tu palabra, el Espiritu me ha dicho:
es tiempo de perdonar.
Hoy puedo decir, que ya estoy en paz,
y no es difícil obedecer cuando estamos en ti.
Gracias Señor por ser amor,
ayúdanos a ser un poco como Tú.

He escuchado tu voz, y humildemente, he pedido perdón,
y siento paz, la misma paz que sentí,
al Tú perdonarme a mí,
Tú no me dejaste sola,
porque el Espiritu de Dios, está en mí.
A tu nombre Gloria.

## Te confieso Señor,
que me has hablado en sueños,
y por medio de tu palabra,
el Espiritu me ha dicho:
es tiempo de perdonar.
Hoy puedo decir,
que ya estoy en paz.

# BENDECIDO

Bendecido estoy mi Dios,
con sólo levantarme,
arrodillarme, orarte,
ya lo tengo todo,
poder dormir, poder hablar, trabajar.

Bendecido me siento mi Dios,
que libertad poder hablar de tu amor,
sin miedo, sin persecución,
es por eso y muchas cosas más,
que me siento bendecido sin merecerlo.

Me has prestado para gozo mis hijos,
mi familia, mis hermanos en Cristo,
ellos son una bendición,
no tengo como pagarte sólo darte las gracias.

Estoy bendecido porque Dios me amó,
y me escogió para ser su hijo,
bendito sea Dios.

# CAMINO AL CIELO

Señor otros ya no están, les tocó partir,
y yo como ellos voy camino al cielo,
unos dicen que el cielo no existe,
no lo voy a discutir, lo único que sé es que tú
mi Señor eres real,
y fuiste a preparar un lugar para todos
los que creen en ti.

Se llame cielo o no, voy a encontrar a mi Dios,
camino al cielo yo voy a encontrar a mi Señor,
otros ya se han ido, yo aquí todavía estoy,
firme en tus caminos,
perseverando hasta que tú me llames.

No miraré atrás pues el cielo allí no está,
derecho, derecho por el camino estrecho,
amando a otros, ayudándolos a seguir,
caminando juntos al cielo,
pues tú en tu palabra lo mandas así.

A unos les tocará partir primero,
y yo aquí de rodillas hasta que tú me llames Señor,
alabado seas, Amén.

Firme en tus caminos,

**perseverando**

hasta que tu me llames.

# PUEDO VERTE

De rodillas, puedo verte mi Dios,
ese rostro que nos alumbra,
que nos hace entender tantas cosas,
sin necesidad de preguntar,
te veo lleno de amor.

De rodillas puedo ver ángeles a tu alrededor,
multitud adorándote Señor,
de rodillas se confunde mi alabanza,
soy parte de ese cielo.

Por tu gracia, y amor,
puedo verte mi Rey,
es tanto tu esplendor, y tu amor,
que me quedo de rodillas al único Dios,
ese trono que veo sólo de rodillas,
y ese olor grato que llena todo mi ser,
son los santos como yo,
que traen su oración al gran Rey.

De rodillas llenas todo mi ser,
quiero estar de rodillas a tus pies,
Amén.

# CAER

Con lágrimas en mis ojos, en esta oración,
te quiero pedir Señor, que no me abandones,
te confieso que estoy a punto de caer,
no me quiero alejar de tu presencia,
porque contigo siento paz,
pero los problemas, el dolor, la desesperación,
se juntan todas, y siento que no puedo más.

Te imploro, ayúdame a esperar,
yo sé, que a tu lado todo se puede resolver,
y si me alejo de ti, me irá mal.
Dame visión, dame entendimiento en este momento,
para rechazar el mal.

Yo te amo, Tú me amas,
es lo único que me tiene que importar,
aléjame de la tentación,
aquí estoy,
esperando en ti,
te suplico Señor, quédate aquí,
hazme sentir que estás junto a mí.
Te amo Señor.

# CONTIGO LO TENGO TODO

Señor contigo lo tengo todo, no necesito más,

Tengo alegría,
tengo gozo.

Tú eres el que da,
Tú eres el que quita,
Tú afliges,
Tú curas,
Tú consuelas,
todo lo perfecto,
todo lo justo viene de ti.

Me costó comprenderlo, pero aprendí,
que, si me aparto de ti, me sentiré sólo,
que, si regreso a ti, bendición tendré,
nada hay fuera de ti,
no necesito nada que me aparte de ti.

Gracias Señor, que con aflicción aprendí,
hoy me siento gozosa y así soy feliz,
no permitas que nunca me aparte más de ti,
pues el enemigo es malo, y te puede confundir,
yo quiero estar sólo contigo,
porque sólo así soy feliz, contigo lo tengo todo,

Gozo,
Alegría,
Confianza,
Esperanza,
Justicia,
Salvación.

Tú me escogiste a mí,
Tú el Dios perfecto,
Tú el Dios justo,
Tú el Dios amoroso,
Tú el Dios misericordioso,
Tú el Dios fiel,
Tú el salvador,
Rey de reyes,
¿Que más puedo pedir?

**Gozo,
Alegría,
Confianza,
Esperanza,
Justicia,
Salvación.**

**¿Que más puedo pedir?**

# ¿CULPABLE?

Señor hoy me encuentro en esos días malos.
te culpo de mis fracasos,
te culpo de mis malas decisiones,
te culpo de mis enfermedades,
si te culpo, si me siento distante,
si te culpo por ignorante que soy.

Tu amor infinito me hace ver mi error,
y con lágrimas en mis ojos, te pido perdón,
mis fracasos, son consecuencia de mis malas decisiones,
mis enfermedades a veces por glotón,
lo distante por no buscar más de tu amor.

Quiero acercarme más a ti Señor,
quiero dejar el pecado, que me aleja de ti,
buscar reconciliación, y ser tú mi prioridad,
adorarte, buscarte siempre en la oración.

Culpable yo, por caer en tentación,
culpable yo, por alejarme sin razón.
no hay días malos, son excusas cuando cometo el error,
de caminar por caminos anchos,
que me alejan de tu amor.

Estar en tus atrios es lo mejor,
aunque hallan pruebas, la pasamos juntos mi Dios.
culpable era yo,
pero soy lavado con tu sangre,
y estoy en victoria,
porque soy tu hijo, mi gran Salvador,
Aleluya Gloria a Dios.

# A TÚ VOLUNTAD

Señor estoy aquí:
a tú voluntad,
en tú voluntad,
por tú voluntad.

Mi vida era miserable, porque no entendía tú voluntad,
me fui lejos de ti, por caminos inciertos, dolorosos,
pero aquí estoy en pedazos, y Tú me rescataste,
me transformaste, me hiciste nueva.
Hoy comprendo que tú voluntad se hace
quedándome contigo, o alejándome de ti,
la diferencia, mí Rey, es que ahora entiendo, y acepto,
tú voluntad, porque en ella encuentro:

Amor,
Salvación,
Justicia,
Gracia,
Victoria.

Siempre sea hecha tú voluntad,
yo la acepto, porque todo, todo lo que haces en mi vida,
lo haces por amor a mí.

Tú voluntad, a veces es dolorosa,
no la puedo comprender.

Señor, acepto tú voluntad,
por ello somos salvos,
tú voluntad me basta,
y aquí estoy por tú voluntad,
acéptame Señor,
quiero estar siempre en tú voluntad,
te amo Señor, heme aquí.

# MISERICORDIA TE PIDO

La tierra se está moviendo Señor,
angustia, dolor, desesperación, en todos lados,
familias destrozadas,
niños inocentes sufren,
pérdidas humanas,
terremotos, huracanes en diferentes lugares,
y ni eso nos hace reflexionar.

Te pido misericordia,
por los que aún se pueden salvar,
aunque está escrito, que esto iba a pasar,
mi corazón se entristece, y sólo nos queda orar,
para que tengas misericordia,
por los que aún se pueden salvar,
por tu gran amor, yo te pido,
yo sé que vas a escuchar,
tu pueblo, se ha reunido, para orar por los demás.

Misericordia,
misericordia,
¿será, que escucharás?
El cielo no se ha cerrado, tenemos oportunidad,
de reconocer, que sólo tú eres Dios,
el único que tiene el poder de calmar la tempestad,
ayúdanos a volver a ti y sólo a ti adorar,
para que se aleje el pecado y deje la tierra de temblar,
misericordia te pido,
¿será que escucharás?

Familias destrozadas,
niños inocentes sufren,
pérdidas humanas,
terremotos, huracanes
en diferentes lugares,

**y ni eso nos
hace reflexionar.**

# DESCONTROL CRISTIANO

Señor nos hemos descontrolado,
te hablo como una oración.
¿Qué ha pasado en nuestra vida cristiana, mi Dios?
Padres contra hijos, en lugar de proclamar amor,
nos gritamos, nos insultamos,
hijos contra padres, hermanos, y hasta con nuestros
hermanos Cristianos, peleas, descontento, descontrol.

Sólo tú puedes ayudarnos Señor,
ya no somos diferente al mundo, todos nos parecemos,
ya no mostramos esa luz de salvación,
con tristeza y sinceridad, me incluyo yo.
En reuniones hay distorsión, discusión,
ya no nos ayudamos unos a otros,
como Tú lo mandaste Señor,
tu pueblo ha olvidado los frutos del Espíritu.

Como una oración,
entre sollozos te estoy hablando mi Dios,
ayúdanos a volver a ti,
transfórmanos, renuévanos, te necesitamos Señor.
No más peleas, no más descontrol,
ayúdanos a ser luz, en tus manos me pongo Señor.

Control, control, respeto y, amor,
para todos sin excepción,
para ganar la guerra al que trae confusión,
somos hijos de luz,
somos hijos de paz,
ayúdanos mi Dios,
te lo pido como una oración, Amén.

# AYÚDAME A PERDONAR

Sólo a ti puedo confesarte mi dolor,
sólo a ti puedo confesarte mi pecado,
sólo a ti que escuchas y entiendes,
me pasas tu mano, lo siento.

Tú entiendes mi Dios lo que es el dolor,
lo que es la traición,
y aun así encontramos en ti tú perdón.

Quiero perdonar, no puedo más Señor,
enséñame a humillarme,
enséñame a callar,
a olvidar,
a perdonar,
y a seguir adelante.

Sólo Tú Señor tienes el poder de sanarme,
aliviarme, restaurarme.
Enséñame a perdonar, como Tú nos perdonaste,
enséñame a levantarme como Tú te levantaste,
porque Tú nos formaste, nos liberaste,
nos enseñaste que con amor todo lo lograste.
Yo quiero seguir tus pasos,
yo quiero perdonar y olvidar la ofensa,
por medio de ti yo puedo,
porque Tú estás conmigo.

Tú eres Rey de reyes,
Tú sanas, Tú restauras,
Tú das la victoria a quién te da la gloria,
ayúdame Señor a sentir la victoria.
Gracias mi Dios porque sólo para ti es la gloria,
gracias, Señor.

# Tú entiendes mi Dios lo que es el dolor.

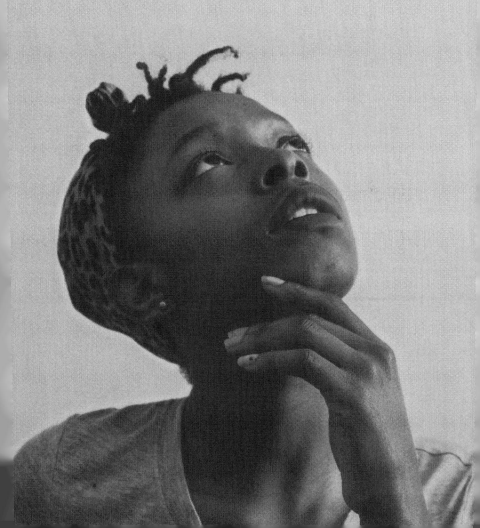

# LAS CUATRO ESTRELLAS QUE DIOS ME PRESTO

Qué bueno eres Señor,
recuerdo que habían cuatro estrellas en ese cielo azul,
mientras alababa las miraba, y creía que las tocaba.
En mi inocencia de niña, allí Tú estabas,
Tú mi Dios, me mirabas.

No sé qué me pasó, y en mi adolescencia ya no alababa,
me aleje sin darme cuenta, Tú sólo me mirabas,
dejé de ver las estrellas, ellas si te alababan.

En mi madures, tuve alegría,
se me concedió una estrella, mire al cielo y habían tres,
y en mi vida desordenada, no la cuidé y se me fué.
Dios me miraba, pues eran sus estrellas,
lloré, lloré, y pedí perdón, al dueño del universo,
a mi creador, alabé, adoré, me reconcilié,
y ¿cuál fué mi sorpresa?
Otra estrella bajó para calmar mi tristeza.
Yo le llamo estrella y perdón,
si hay alguna ofensa, no es mi intención,
sólo quiero querido lector, que entiendas la bendición,
y el amor de Dios.

Este poema es como una oración a Dios.
Le puse nombre a mi estrella, la llamé EVA,
pues era bella, creación de Dios,
te la dediqué a tí Señor.
Tus bendiciones siempre sobreabundan, y me prestaste,
otras de tus estrellas, mire al cielo y te alabé.
RUTH le puse por nombre, ella es buena, es hija de Dios.
Pasaron los años, y Tú me mirabas,
y ¿cuál fué mi sorpresa?

me concediste la última estrella,
ésta era diferente, era fuerte.
No sé cómo agradecerte por bendecirme tanto,
sólo estoy rendida a tus pies,
con los tres, alabando y glorificando.
Le puse por nombre NEWELL a mi estrella,
varón de Dios, mi bendición,
gracias te doy Señor.

Y usted querido lector mire a su alrededor,
pues también Dios le ha dado bendición,
y si no tiene estrella busque aquél niño,
que necesita amor,
le aseguro que tendrá la bendición de Dios.
Mis tres estrellas han crecido,
pero no se olvidan de tu amor,
ayúdanos a estar siempre unidos en el amor de Dios.
Cuando miro al cielo veo aquella estrella,
veo tu perdón, me recuerda tu amor,
sé que cuidas de ella,
pues es tu estrella.
Yo te alabo Señor,
mi gran Dios, a tus pies siempre, es mi oración.

# DIOS ME LO HAS DADO TODO

Sí me quejo, digo que no tengo nada,
¿nada?
Reflexiono y te pido perdón,

Me has dado familia,
me has dado al hermano,
pocos amigos que me dan una mano, los amo tanto,

Me has dado salvación por amor,
me prometes un lugar cerca de ti,
y me quejo de que no tengo nada.

Mendigo, mendigo, sin ver alrededor mío,
tengo tanta bendición,
me quejo por falta de conciencia,
mirando alrededor, me has iluminado
y te pido perdón.

Te doy las gracias por la abundancia,
si cuento mis años,
si cuento los hijos,
los amigos, la vida, el suspiro,
tu amor por mí, tu fidelidad,
hasta vergüenza me da.

Todo, todo me lo has dado,
no puedo pedir más,
perdona mi avaricia y mi vanidad.
Gracias mi Dios por todo,
gracias por ésta vida y por la eterna Aleluya.

# CUANDO ALGUIÉN SE VA

Cuando un familiar, un amigo,
o un hermano en Cristo,
se va de este mundo Señor,
nuestra alma se entristece,
nuestro espíritu lo entiende,
es un momento de confusión,
de dolor, Señor.

Nadie nos pertenece,
aunque queremos que se quede para siempre.
Tú sentiste dolor Señor como yo lo siento hoy,
mi Dios, eres tan maravilloso que entre el medio
del dolor hay una alegría de saber que el que se fué,
su meta la cumplió,
y que tus brazos lo esperan,
como me esperarás cuando me vaya yo,
cuando Tú lo decidas.

Consuélame Señor y ayúdame a caminar en tu amor,
que nada ni nadie me aparte de tu amor,
aunque sienta dolor Tú eres mi consolador,
gracias, Señor, Tú eres bueno,
te alabamos mi Dios y Salvador.

# LIBRE

Aleluya, Santo, Santo, Santo,
gracias te doy, por permitirme, alabarte,
cuando te digo: Santo, me transporto al cielo.
Decirte Santo, me hace reconocer lo grande que eres,
tan puro, y bueno, que me permites que te alabe,
en voz alta, en voz baja.
Señor, si alguién entrara en mi aposento,
y me escuchara hablar contigo,
me dirían ¿la vejes la enloqueció?
Y si fuera joven dirían ¿que le sucedió?
Yo igual te exalto,
Tú eres Santo,
hoy me siento en el cielo.
Aunque todo ande mal, no dejas de ser Santo,
y si va todo bien, mil veces Santo.
Adorarte en alta voz,
libre de lo que digan los demás.
Soy libre,
Santo, Santo, Santo, Amén.

# DIOS ES BUENO

Majestad,
Santísimo,
Misericordioso,
Amoroso,
Perdonador,
Omnipotente,
Único,
Celoso,
Sin principio,
Sin fin,

Todo esto eres tú Señor,
y la gente te llama bueno,
pero eres para mí más que bueno.

Te rechazo y Tú me aceptas,
te fallo, y Tú te mantienes fiel,
caigo en pecado y Tú me limpias,
me pierdo, y Tú me encuentras,
y la gente te dice bueno,
y Tú para mí eres más que bueno.

Hasta el bueno se cansa,
pero Tú sobrepasas tu bondad,
tu amor sobrepasa el entendimiento humano,
tu perdón nos limpia, y nos hace hijo de un Rey.

¿Bueno? Bueno soy yo cuando quiero ayudar,
o cuando quiero admiración,
Tú mi rey sobrepasas cualquier descripción,
Tú eres Santo, Tú nos amas,
Tú nos perdonas, Tú nos limpias.

Majestad, no te puedo describir en palabras,
Santo Dios, me arrodillo ante ti,
y Tú me dejas ver tú gloria.
Sólo me nace adorarte, agradecerte, alabarte,
por haberme amado, limpiado, perdonado,
para poder acercarme en oración ante tu presencia,
mi Majestad, mi Rey, mi Único Dios,
y te agradezco tanto Señor, por tu amor,
Gloria a Dios,
Amén.

# ESPECIAL

La paz que siente mi alma sólo viene de ti,
aunque sé que a todos nos amas,
yo me siento especial,
tu amor lo puedo experimentar cada día en mi vida,
y aún si estoy mal estás aquí,
estuviste aquí y estarás aquí,
siempre que busque de ti.

Eres tan real, aunque no te vea
Mi alma, mi espíritu, te siente, te ve,
es por eso que me siento especial,
mi alma te alaba, mi alma te exalta,
no por lo que me has dado,
no por lo que me hayas quitado,
mi alma te alaba:

Por ser Rey,
por ser real,
por ser Santo.
Me siento especial,
porque un Dios tan divino,
se dignó a elegirme.
Rechazarte nunca,
¿cómo no enamorarme de tu Santidad, de tu fidelidad?

Gracias por amarme, por hacerme sentir especial,
por cuidarme, por mirarme.
Eres inexplicable, así es el amor, tu amor,
eres infinito,
eres real,
Te pertenezco,
mi alma, y mi ser te necesitan,
sólo hazme digna de tu amor,
te alabo mi Señor, Aleluya.

# IMPOSIBLE

Alabado seas,
es imposible separarme de ti,
si lo intento,
Tú me buscas,
si me alejo,
escucho tu voz,
no me molesta,
sólo me impacta tu amor.
Desde el vientre de mi madre me conociste,
me amaste, no te escogí a ti mi Señor,
lo hermoso es, que Tú me escogiste a mí.

Un gran Rey,
un gran Señor,
un Dios poderoso que no necesitó nada,
todo lo tiene, todo lo logra,
todo es suyo y aún así,
me amaste,
me buscaste,
me perdonaste,
es imposible apartarme de ti.

Tu amor es como un sello para mi vida,
te pertenezco, soy hija de un Rey,
si de un Rey, mi mente no lo entiende,
pero mi alma te busca,
porque me escogiste, me distes vida,
me diste tu espíritu,
estoy ligada a ti,
y así quiero seguir,
contigo lo tengo todo.
Sé que eres real, porque te siento dentro de mí,
gracias, Señor por elegirme a mí,
te amo, te glorifico Altísimo Dios, Amén.

# APARTARME DE TI JAMÁS

En una iglesia crecí Señor,
de niña me gustaba cantar, alabar,
y aunque de niña sufrí,
mi refugio eras Tú.

Cuando adolescente,
con las opciones que da el mundo,
me alejé, me enfrié,
y tenía un pie adentro y otro afuera,
a ti no te puedo mentir,
y sin darme cuenta el enemigo
me dio un empujón para afuera.
No sé en qué momento mi Dios, me olvidé de ti,
puse otros amores por encima de ti,
y aunque te extrañaba, me aparté de ti.

Nunca más Señor, nunca más me apartaré de ti,
gracias por haberme traído al redil,
como buen Pastor,
te acordaste de mí.

Los golpes de la vida,
las consecuencias que trae el pecado,
o las pruebas, siempre van a estar allí,
pero es menester, estar en el redil,
sin tí, no se puede seguir.

Los lobos de afuera te atacan sin compasión,
pero Tú mi buen Pastor, nos defiendes con tu amor,
contigo quiero estar,
la vida se hace más fácil, si tú a mi lado estás,
y ni un minuto pensar, tener un pie más allá,

no sea que el lobo venga con más fuerza,
y me trate de apartar.

Quiero estar en tu voluntad, y escuchar al gran Pastor,
cuando me tenga que hablar,
y me diga, conmigo todo puedes superar,
siempre en el redil quiero estar.

# TODO LO CONTROLAS Y PERMITES

Mi Santo y justo Señor,
sí, justo aunque pasemos injusticias,
aunque parezca contraria mis palabras.

Tú eres justo,
Tú eres Santo,
Tú eres amor,
Tú Señor controlas todo,
Tú Señor permites injusticias dada por los hombres.

Tú creación ha desobedecido,
no se ha arrepentido de su pecado,
Tú permites el dolor,
para que tu gloria sea manifestada,
para que entendamos que Tú eres bueno y nos amas.

Aunque parezca contradictoria mis palabras,
sólo el que te conoce a ti puede decir,
que Tú eres amor.
Lo malo viene por consecuencia de nuestro pecado,
sin arrepentimiento,
nos creemos superior a ti Señor.
Caigamos de rodillas, volvamos a Dios,
pidamos perdón a nuestro Creador,
y proclamemos que sólo Tú eres Dios,
y tendremos bendición y el perdón de Dios.

Perdona tu creación, perdóname mi Dios,
yo también te he ofendido,
y aquí estamos,

clamando,
suplicando,
por restauración,
te necesitamos,
Tú eres nuestro Dios.
Ven por tu pueblo Señor,
tu pueblo te espera, te amamos Señor.

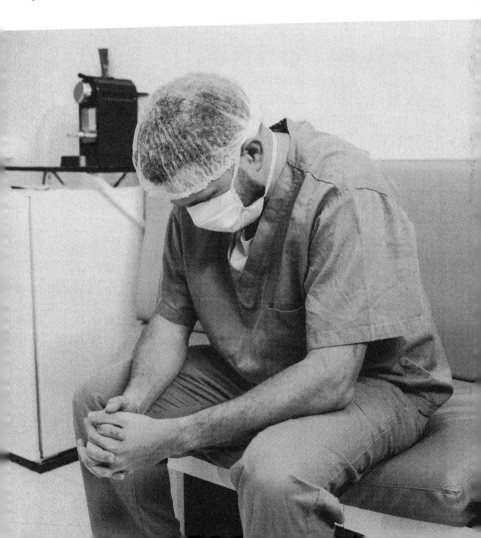

# ORACIÓN DE UNA MADRE

Todo lo que tengo me lo has dado Padre mío,
no te pido riquezas,
sólo te pido por el hijo mío,
te pido por su alma,
te pido con lágrimas en mis ojos,
te lo encomiendo a ti Señor.
Ya las fuerzas no me dan, y estoy cansada de llorar,
te pido Padre mío que lo cuides donde él está,
Tú que todo lo ves, ten misericordia de él.

Tú me abriste los ojos para creer en ti Señor,
ábrele los ojos a mi hijo, te lo suplico Señor.
Ya mis rodillas y mi corazón no pueden más,
no me cansaré de orar, hasta que escuches mi oración,
y traigas a mi hijo a tus pies.
Misericordia, misericordia te pido por él,
lo dejo todo en tus manos,
seguiré orando con fe,
para que cambie sus pasos, y entienda que sólo en ti,
está el amor que anda buscando.
Yo lo quiero ver en el cielo cuando me vaya,
y así sabré que lo que me diste para cuidarlo
a ti te lo entregué,
Ésta es mi oración y por fe sé que lo lograré,
lograré que mi hijo te sirva y te ame,
lo digo por fe y hasta el último aliento,
seguiré orando por él, Amén.

# PERDONAR

Sé que no está bien Señor, sentir éste dolor,
sentir éste enojo contra aquél que me hirió,
no puedo dormir, no puedo pensar,
el enojo sigue aquí y yo quiero venganza.

Sé que no está bien,
lo dice mi alma, lo dice mi mente,
lo dices Tú Señor,
la ira me frustra y no me deja pensar,
sé que estoy aquí para perdonar,
mi alma me lo exige, mi corazón lo contradice.

Perdóname Señor, y ayúdame a entender,
que, si tú me amaste, me perdonaste,
siempre que te fallé.
¿Quién soy yo para juzgar?
¿Quién soy yo para no perdonar?

Ayúdame a olvidar, y dame paz,
la justicia está en tus manos,
y en mi está olvidar,
mi alma me lo exige, mi corazón lo contradice.

Toma mi corazón, y transfórmalo en amor,
sólo así no habrá dolor,
en tus manos estoy.

Gracias Señor por ser paz, por ser amor,
y sobre todo por ser perdonador,
¿Y yo quién soy?
Tu seguidor Señor,
heme aquí mi Dios.

# SIN TI

Mi vida sin ti,
no la puedo imaginar,
Tú mi Dios, llenas todo en mí,
no es emoción, es convicción,
anhelo encontrarte en oración,
y leyendo tu palabra te conozco más y más.

Conozco lo que hiciste, conozco lo que harás,
tu mano, tu misericordia,
no se detienen en el pasado,
tu amor, tus milagros,
fueron, son, y serán,
Tú eres pasado, presente, futuro,
sólo Tú Señor eres eterno.

¿Quién como Tú Señor?
A ese Dios maravilloso pertenezco,
a Él sea la Honra y la Gloria,
por los siglos de los siglos, Amén.
Te alabamos Señor.

# SÚPLICA POR MIS HERMANOS EN CRISTO

Señor aquí estoy otra vez,
suplicando por mis hermanos,
que se han apartado de tus caminos,
siento que su tiempo se está acortando.

Escucha mi oración Señor,
donde se encuentren mis hermanos,
que se arrodillen ante ti Señor,
y que regresen al camino de salvación,
ésta es mi oración.

Señor ten misericordia,
quizás el dolor, la desilusión los apartó,
hazles entender que contigo todo es mejor,
te pido por mis hermanos, escucha mi oración,
sé que tú los amas como los amo yo,
confiada estoy que me escucharás,
donde quiera que estén dales tu bendición.
Yo seguiré orando hasta que ellos regresen a tus pies.
Gracias Señor, y qué sea hecha tu voluntad, Amén.

Yo sequiré orando hasta
que ellos regresen a
**tus pies.**

# QUE SE ENTREGUE A TÍ SEÑOR

Señor, vengo a suplicarte,
por mi amigo que está muy enfermo,
y te pido por sanación de su cuerpo, y de su alma.

Si ya es su tiempo, si va a Tú encuentro,
quiero que te encuentre con los brazos abiertos.
Hazlo entender en su lecho de dolor, en el silencio,
que Tú eres el camino al cielo,
que Tú fuiste a preparar un lugar junto a ti para él,
que entienda que no es tarde,
que hay perdón, y salvación.
Le faltas Tú mi Dios en su ser,
para comprender Tú gran amor.

Estoy confiando en ti Señor que con ayuno y oración,
llegue a tí mi súplica.
Cuando mi amigo sienta que ya es tiempo de su partida,
se sienta seguro que Tú mi gran Dios lo estás esperando.

Aunque yo me sienta triste, también estaré gozoso
que Tú mi Dios de amor lo estás esperando,
con los brazos abiertos.
Gracias Señor por fe has contestado mi oración.

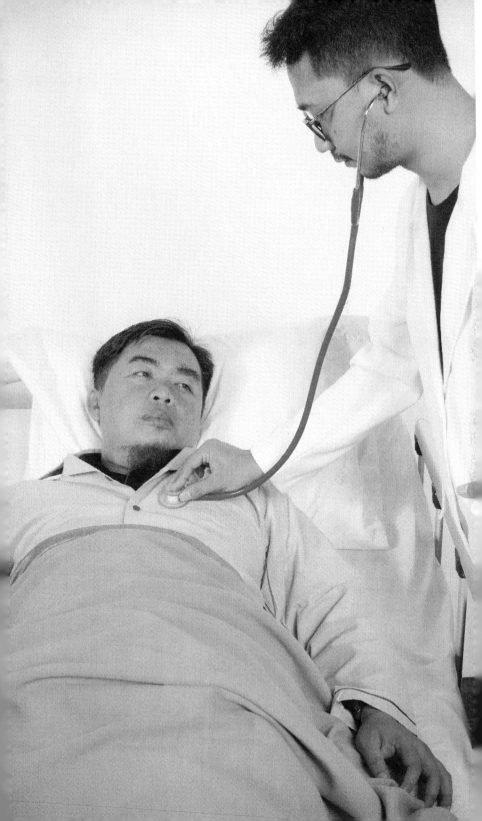

# TUYOS SOMOS SEÑOR

Sé que contigo puedo hablar,
y no me juzgarás,
porque tienes el poder de entrar en mi corazón,
que está lleno de dolor.
Aunque te supliqué que no te lo llevaras,
igual se fué,
y he quedado sola,
pues me acostumbré a su compañía,
aunque sabía qué él regresaría contigo,
me acostumbré a tenerlo Señor.

Tú mi Dios me das consuelo,
y eso me da fuerza para seguir.
Te agradezco Señor por prestármelo,
aunque lo extraño, me darás fuerza mi Dios,
porque me amas.

Ayúdame a entender y a esperar en ti,
el dolor se irá pues encuentro consuelo en ti,
recibe mi llanto como una alabanza.
Yo sé que contigo está feliz,
él cumplió su propósito mientras estuvo aquí,
y te doy la Gloria y la Honra por salvar su alma.

Todos seguimos el mismo camino,
y nos tenemos que ir,
porque nuestra meta es estar junto a ti.
Glorificado seas,
todo es tuyo y a ti mi buen Dios tenemos que volver,
tuyo somos, Amén.

# ¡DIOS TU EXISTENCIA ES REAL!

¿Porqué dudar que Tú existes?
Si en la sonrisa de un niño, allí estás,
si en una nueva vida, allí estás,
en la naturaleza, allí estás,
en el mar, allí estás,
en la lluvia regando la tierra, allí estás,
mirando las estrellas aún allí estás.

¿Porqué negar tu existencia?
Tú existes cuando respiro,
cuando duermo, cuando lloro, cuando canto.
¿Porqué se nos hace difícil creer en ti?
En los ancianos, allí estás,
en las familias, allí estás,
en el amor, allí estás.

¿Porqué dudar que Tú existes?
Si los pájaros hablaran,
nos dirían que tu existencia es real.
Detengámonos a pensar, a sentir, a decir,
gracias porque Tú existes,
Tú eres Jesús, el Dios del Universo.

# GRACIAS

Frente a frente,
cara a cara,
como dos amigos,
Tú siempre a mi lado.

Aunque pasen los años,
ya no soy aquél niño,
al que siempre cuidabas,
ya no soy aquél adolescente,
al que siempre guiabas,
soy aquél anciano,
que te dá las gracias.

Gracias porque sin ti Jesús,
no seria quién soy,
gracias por las cosas que me has dado,
por el hermano, el amigo,
que tengo a mi lado.

Gracias por los recuerdos,
gracias por el pasado,
porque Jesús allí has estado,
a mi lado.

Gracias por existir,
en el aire,
en la lluvia,
en el sol,
en mi ser.

Gracias por ser fiel,
mientras otros te buscan,
yo te encontré, mi Rey,
mi amigo, mi Dios.

Frente a frente,
cara a cara,
yo con unos años de más,
frente a amigos y hermanos,
te doy las gracias,
por haberme elegido a ser tu hijo,
y por gracia me has protegido,
junto a los míos.

Qué más puedo decirte,
gracias amigo mio.

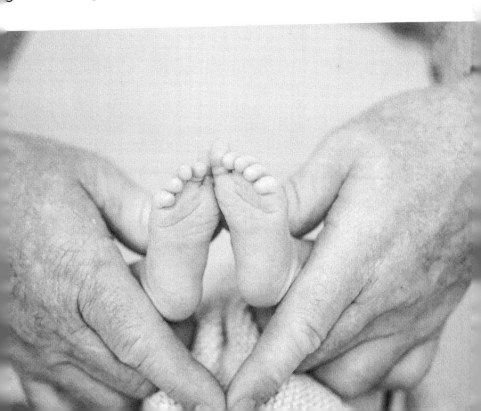

# LEE MI PRIMER LIBRO, VIVENCIAS: POEMAS DE VIVENCIAS

Este libro es inspirado primeramente por el amor que siento a Dios, y por el agradecimiento que tengo por mis hijos al ellos ya existir. El amor y mis hijos llenan mi vida. En la vida también existe el dolor, la decepción, la ilusión, la soledad, la familia, todo esto es la vida. Espero que te identifiques con algún poema ya que todos pasamos los mismos sucesos en diferentes momentos. Yo quiero compartir contigo mis Vivencias.

**CÓMPRALO EN AMAZON**

## Crítica en amazon

 Nohemi Benavides
★★★★★

Me gustó mucho éste libro ya que son poemas faciles de entender. Se aplican al diario vivir y situaciones que enfrentamos cada dia. Con una literatura sencilla que permite al leedor entenderlo con facilidad. Me identifico mucho con un poema en particular, El Perdón que es algo muy dificil de hacer. Lo disfruté mucho.

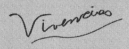

# LEE MI PRIMER LIBRO,
## VIVENCIAS: POEMAS DE VIVENCIAS

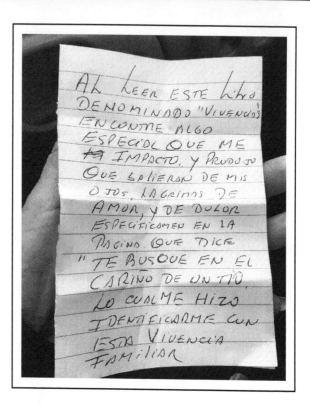

## Crítica en  Instagram

Jose Carrasco
★★★★★

Al leer este libro denominado "Vivencias" encontre algo especial que me impacto, y produjo que salieran de mis ojos, lagrimas de amor, y de dolor especificamente en la pagina que dice "te busce en el cariño de un tío" lo cual me hizo identificarme con esta vivencia familiar.

ESTOY EN
INSTAGRAM
Y FACEBOOK

ESTOY EN
WORDPRESS

Made in the USA
Middletown, DE
02 October 2022